조개껍데기 사랑

하세종 시집

문학공원 시선 217

조개껍데기 사랑

하세종 시집

조개껍데기는 질풍노도의 파도를 무서워하지 않으며
살랑이는 작은 파도를 무시하지 않고
조개는 수억 번 드난하는 파도를
머릿속으로 세고 있다가 제 몸에 나이테를 새긴다
그동안 살아온 나의 하루하루는 조개껍데기였다

문학공원

- 자서

바람에게 부치는 편지

바람은 말한다 "여기까지 왔는데!"라고
그래요, 여기까지 왔는데 라는 그 말 한마디
무얼 못할까 무에 아쉬울까
무에 무서울까 무엇이 겁날까

외로움 실마리 풀 길 없다지만 모임에 나가면 즐거운 삶이었다. 우리 한인들과의 만남은 대지의 항구였다. 거친 파도를 헤치고 돌아오는 길라잡이 등대였다.

나의 삶에 진정한 멘토가 되어준 아내와 자랑스럽고 멋진 가족들에게 감사한다. 그리고 한인사회 인사들과 벗들에게도 감사함을 전한다

무엇보다도 나를 낳아주시고 길러주신 부모님과 90평생 충실한 삶의 정신력을 심어주신 하느님께 감사드린다.

2023년 2월

하 세 종 배상

차례

자서 - 바람에게 부치는 편지 … 5

1부 인생은 짧고 예술은 길다

모래알 같은 시간 … 12
도둑맞은 인생 … 14
풍월(風月)을 읊다 … 15
조개껍데기 사랑 … 16
막걸리 향수 … 17
황룡 한 마리 날다 … 18
가장 웅장한 파도 … 19
달에게 묻다 … 20
9988234 … 21
코로나19 바이러스 … 22
우산 속 그리움 … 23
황새 한 마리 … 24
나뭇잎 한 장 … 25
흰 버선 흰 고무신 … 26
소나무 주막 … 27
가녀린 물고기 … 28
인생은 짧고 예술은 길다 … 30
낭만가(浪漫家)는 흥겹다 … 31
미련! … 32
만우절에 … 34
벌 한 마리 … 35
노익장과 태권도 … 36
짙은 행복은 환상인가 … 37
오늘 … 38

2부 봄이여 오라, 내 조국에도

노을에 한발 다가서며 … 40
계곡 단상 … 41
여승의 정 한 폭 … 42
당돌 뿌리 … 43
개 팔자 상팔자! … 44
건달 같은 매미를 닮고 싶다 … 45
문풍지 … 46
봄이여 오라, 내 조국에도 … 47
시(詩)란? … 48
거울 속의 주름진 자 … 49
인생은 한 줌 모래 … 50
달력 인생 … 51
개똥벌레 인생 … 52
막차 탄 심정 … 53
너나 나나 빚진 인생 … 54
솜사탕 같은 삶 … 55
어떤 하루 … 56
사랑이란 두 글자 … 57
그리움의 기적 … 58
방랑자 … 59
내일을 위하여 … 60
내 마음은 … 61
구멍 난 가슴 … 62

차례

3부 떠오르네 어머니 미소!

어머니 왜 날 두고 … 64
백년만년 살 줄 알았네 … 66
가슴 미어진 할배 심정 … 68
그리운 어머니 … 70
떠오르네 어머니 미소! … 72
어버이날에 … 73
누이 생각 … 74
추석 풍경 … 75
자식 자랑 … 76
카네이션을 달아드리고 싶다 … 77
봄비 속의 어머니 … 78
천연색 그리움 … 80
노년이란 화살 … 81
사랑의 손길 … 82
환상의 여인 … 83
임은 먼 곳에! … 84
내 사랑 둥실 … 86
환상 속의 그녀 … 87
그리움의 씨앗 … 88
주님의 서광 … 89
친구에게 … 90
친구란 … 91
허공 … 92

4부 속절없는 바람 인생!

희망에 부푼 정월 … 94
사랑 2월! … 95
꽃샘바람! … 96
나는 봄에만 살았다 … 97
오라 오월이여! … 98
오월 마지막 환상 눈앞에… … 99
단옷날 향수 … 100
사랑의 6월 … 101
비 오는 날 환상 … 102
인생은 7월의 태풍 … 103
줄기찬 태풍 … 104
귀뚜라미 소리 … 105
부러운 단풍잎 … 106
가을의 부탁 … 107
단풍論 … 108
눈 내린 아침 … 109
함박눈의 추억 … 110
황금 노을 … 111
속절없는 바람 인생! … 112
삶 … 113
함박눈의 추억 … 114

차례

작품해설 – 김순진 문학평론가

건강한 육체에 건전한 정신이 깃듦을
현상하고 보여주는 시편들 … 116

1부
인생은 짧고 예술은 길다

모래알 같은 시간

현실에 다가선 인생
신기한 삶이 아닌가 싶어 멈춰본다
짧고도 긴긴 인생
바람에 날리는 모래알 같은 시간이다

한 움큼을 쥐어본다
주먹 틈새로 힘 없이 흐른다
보이지 않은 바람에 날려간 인생
물 한 모금 마실 시간이 없다고 독촉한다
왜 그리도 성급할까
인생 화무십일홍이 아니더냐
한 걸음 멈춰 느슨히 가보자

고운 살결의 신기한 느낌
하나님 창조하신 세상이 아니더냐
가시를 만드시고 그 가시에 찔릴
보드라운 살을 만드시고
바위를 만드시고 그 바위에 눌릴
흙을 만드시지만
감사하자 이 순간이 가기 전에

믿음이란 무엇일까
머리를 굴려 생각한들 허세일 뿐이다
믿음이란 무지개요
인생이란 모래알의 시간이다

도둑맞은 인생

도둑맞은 인생이다 웃고 살자
짜증 낸들 무엇하리 금 간 청춘인데
눈물 콧물 흘려봤자 동네 강아지 웃는다
쑥밭 된 머리칼에 향수를 발라봤자 냄새만 요동치고
꿀꿀 먹인 줄 알고 도야지 떼 몰려든다

도둑맞은 인생 초라한 모습
거지도 모른 척
동냥할까 두려워 발걸음 독촉하네

도둑맞은 인생 뒤돌아본들 무엇하리
반겨주던 여인도 자취를 감춰버렸고
어리둥절한 내 인생 소리쳐 불러도 들리지 않네

귀먹고 눈먼 내 청춘이로다
도둑맞은 인생 세어본들 팔순인가 육순인가 혼동한다

가물가물 기억 어디에 팔았는지
금 간 청춘 물어볼 길 없네
아… 내 청춘! 하룻강아지 범 무서운 줄 몰랐다

풍월(風月)을 읊다

보시게 친구
인생의 풍월이란, 잠시 흥겨운 노랫가락이 아니던가
바람에 날린 세월 또한 풍월이었지
어려서의 콧노래는 무엇이 그리도 풍요(豊饒)로웠는지
어두컴컴한 저녁 지게꾼 술 냄새도 풍악(風樂)이었지

그래요 친구!
이제는 모든 것이 풍요로운 세상이야
얼마 남자 않은 시계 초침이 멈추기 전
낭만(浪漫)을 바라보며 살다 가세
안 그런가, 자네와 나
서로의 허물(虛物)을 씹어본들 무슨 소용이 있겠나
풍성(豊盛)한 맛이란
이제 과거라는 그늘 속 풍경(風景)일 뿐
우린 자연으로 돌아갈 텅 빈 고목(古木)이 아니던가

조개껍데기 사랑

조개껍데기는 질풍노도의 파도를 무서워하지 않으며
살랑이는 작은 파도를 무시하지 않고
조개는 수억 번 드난하는 파도를
머릿속으로 세고 있다가 제 몸에 나이테를 새긴다
그동안 살아온 나의 하루하루는 조개껍데기였다
그녀의 손길을 수없이 파도처럼 드난했고
수 없이 밀려오는 궂은 날들을 그녀와 이겨냈다
숨 멎듯 수심 한 수레 싣고 출렁이는 해변 찾아
빈 조개껍데기를 조심스레 안아본다
알맹이 빠진 조개껍데기가 표정을 잃었다
수심에 찬 얼굴에 오월 햇살도 차갑게만 느껴진다
잃어버린 알맹이를 찾고 있을
조개껍데기의 마음을 조금은 알 것 같다
나는 지금 무엇을 찾고 서 있는지
사랑 없는 세상은 조개껍질인데
환희의 날 턱 없이 부족한 순간
나는 영원할 줄 알았다
사랑 없는 조개깝질은 오뉴월에도 차갑기만 하다
언제나 빈 속을 채워보려나

막걸리 향수

전화통이 못난 놈이라며 울린다
막걸리 한 잔 마신지 언제인지 가마득하다
입맛 다신지 석삼년인데
내일 만나 막걸리를 즐기잔다

니놈 살 껴 내 놈 살까 주재 말고 만나잔다
허리춤 구긴 돈 서 푼인데 어리둥절 마누라 부른다
몇 냥 있느냐고…

마님의 청천병력 같은 꾸지람에
전화통 울린 친구는 기절초풍이다
언제 여기까지 왔는지 한숨 뿐…
바지춤 흘러내리기 전 만났더라면
마님의 꾸지람은 없었을 걸
이젠 집도 절도 없는 황혼
발길 돌릴 길 없네

내 친구여… 미안하네
다음 세상 막걸리로 태어나서
배꼽 당겨 트림 즐겨 보세
녹두전병에 풍악을 안주 삼아 마님 몰래 놀아보세

황룡 한 마리 날다

서쪽 하늘에 석양이 드리웠다
저 멀리 마치 붉은 용 한 마리 날고 있는 것 같다
한평생이란 거창한 삶을 날아가는 한 마리 용
나 역시 긴 인생을 날아왔다

유수같이 평탄한 삶인가 하면
한라산 바위 더미처럼
무거운 삶에 고달픈 인생
바로 이것이 인생사가 아느더냐?

그러나 개척이란 두 글자
인생 고난의 희망과 기대다
이를 향한 수평선
나의 황홀한 기쁨이 아닌가!

오늘의 황혼은 하루를 잘 살아온 찬사
이는 모두 빛난 인생사에
하늘의 중앙을 날아가는
황룡의 빛이 아닌가
내일 또다시 파란 하늘이 펼쳐진다
노을이 졌다고 오늘 슬퍼하지 말자

가장 웅장한 파도

새벽 동이 튼다
태평양 깊은 수심으로부터 먼동이 튼다
이글이글 다가온다
내 가슴으로 벅차게 올라온다

수평선 저 끝을 그린 한 줄기 낭만으로 살아왔다
뱃고동 소리 벗삼는
항구 여인 그리며 살아온
마도로스 인생이었다

내 가슴에 이는 가장 웅장한 파도 그녀였다
나는 그녀 위를 떠다니는 정처 없는 마도로스였다
아내와 내가 항해해온
벅찬 인생바다였다

달에게 묻다

아…, 어디로 갈까
무엇을 할까
어찌해야 할까
임 떠난 발자국 찾아 나선 길목
도사린 그림자…
님인가 기웃기웃 눈썹 위에 손을 대고 바라본다
아…, 아니었구나
그녀가 돌아올 리 없지
실성한 가슴이 뭉클하다

통곡이 요동치다 내 가슴에 머문다
사랑은 눈물의 씨앗인가?
밤새 적신 베갯잇
먹구름… 호수 그랬다네!

임 찾는 휘청한 발길, 헛걸음 멈춘다…
물어물어 찾아온 길
임은 어디 갔을까
물어본다 저 달에게
임 계신 곳을!

9988234

마음은 여전히 천릿길 단숨에 껑충 뛰어넘을 것 같다
그러나 해토한 봄땅에 붙은 짚신은 천근만근이다
마음만 펄쩍 뛰어 대청마루 지붕에 올라선다

인생의 용마루에서 내려다본 심정은
무릎이 후들거린다
어젯밤엔 산길을 뛰어넘고 절벽을 날았는데
밤새 안녕인가…

9988234
99세까지 팔팔하게 살다 이삼일만 앓고 죽자는 말
그러기 위해서는 태권도를 끊임없이 연마해야지
또 다른 내일을 위해 껄껄껄 웃어보자
또다시 지붕을 훌쩍 뛰어넘는 꿈을 꾸어보자
보란 듯이 활개를 펴 날아보자

콧방귀 풍풍 뀌며 풍악을 울려보자
꽹과리 냄비 들고 동네방네 모여든다
나이란 덧셈이 아니다
죽는 날까지는 같은 목숨
모두가 매한가지 아니더냐

코로나19 바이러스

오늘 아침 가랑눈 길 소복이 땅을 적시건만
보고만 있을 뿐 한탄에 잠겼네
문명이란 거창한 지구촌… 이리도 난감할까
균이란 두려움 속의 문명인가

두문분출하다가 꼬리 잡힌 내 그림자
아침인지 저녁인지 여전히 맴도는 인생 맷돌
화살처럼 지나간 세월 아쉽구나
그리운 내 사랑아 정다운 내 벗들이여!

언제나 맘 놓고 다녀볼까
열리지 않는 코로나 정국
감옥 없는 철창이더냐
창살 없는 감옥이더냐

우산 속 그리움

밤새 내린 애절한 비
여린 마음을 흠뻑 적신다
흐르는 냇물처럼 세월은 멈추지 않네

임과 함께 걷던 빗길의 우산 속
회오리바람처럼 돌아가던 그 돌담길
손잡아주던 그 징검다리
옛 추억이건만
오늘도 그 미소 못 잊어!

황새 한 마리

그래요 가을이에요
벌써 가을이 왔어요
수십 번 맞이한 가을인데도
또 이렇게 설레네요

온 세상 오색 물드는데
어찌 내 맘 물들지 않을 수 있겠어요
왜 온 세상이 활기 있고 힘찬데
오색 찬란함을 즐기는데

내는 방에 갇혀 이래야 하나요
황새 한 마리 짝 잃은 외로움 찾아
어디론가 정처 없이 떠나고 있어요
이 맘을 대신해주듯

나뭇잎 한 장

솔솔바람 부는 어느 가을날
나뭇잎 한 장 쓸쓸히 매달려 있다
곧 눈이 쏟아져 내릴 텐데
내 머리엔 눈 쏟아져 내린 지 오랜데
한설이 두려울까
폭설 눈보라가 두려울까
그저 가족과 떠남이 두렵겠지

우리네 인생 사계절
꽃 핀 마음 향기롭건만
겨울이란 두 자 그늘진다
한설 풍파 없는 인생사 즐기려면
삶의 심지 다듬어 포근히 심어보자

앙상한 가지 같은 인생
한설 내리기 전에
막걸리나 한 잔 걸쳐 보자
나뭇잎을 안주 삼아

흰 버선 흰 고무신

커피잔에 솜사탕처럼
고운 하얀 눈 한 스푼 떠서 녹이면
내 님 오시려나
설레는 눈동자가 눈부시다

겨울 나뭇가지 마디마다 설화로 피어
내 맘 흔드는 이여
고운 털에 뺨 비비듯
하얀 눈 한 움큼 움켜쥐고
내 뺨에 비벼본다

내 그리운 님이시여
사뿐사뿐 다홍치마에
흰 버선 흰 고무신 끝이 보인다

소나무 주막

소나무 한 그루
하이얀 눈빛에 반짝인다
임 기다리는 주막의 길손 같다
임 소식 물고 온 까치가 반갑다

하이얀 눈 속
보이지 않는 주막 분위기
소나무에 막걸리 표주박 걸어놓고
한 잔 술에 모든 시름 잊고 싶구나

모두들 둥둥 떠다니는
표주박 인생 아니더냐
하이얀 백설기에
막걸리 한 잔 하고 싶구나

가녀린 물고기

오늘도 흐른다
어제 그제처럼 오늘도 흘러간다
바위 틈새로 이끼 낀 바위틈에 밀려

어린 붕어가 묻는다
엄마 아빠 우린 어디가?
따라오렴, 알 테니…

철부지로 따라간 호수
맑고 깊어 어리둥절하다
메기 잉어 가득한 호수
행여 잡아먹힐까 이리저리 숨어다닌다

어느새 동이 튼다
찬란 화사한 호수
민물고기 친구들 쏜살같이 경주한다
헛된 경주에 지친 몸
허기진 물고기 삶 되기 전
웅장한 바다로 나갈
희망 둥지 왕생 기둥 세워보자

어느새 단숨에 다다른 아흔
허리춤 느슨해진 홑바지 신세라지만
죽을 때까지 문인들과 글 쓰고
태권도인 참전용사 동지들과 교우하면서
즐겁게 살아보자

인생은 짧고 예술은 길다

또 하루가 활짝 웃음으로 동이 튼다
밤새 주름을 다리미로 다린
티 없이 맑은 아침
아침은 내 맘을 비춰주는
밝은 거울이다

창창한 햇살에
씩씩한 걸음
황새처럼 멋지게 날아보자
무지개 뜨는 언덕에 앉아보자

인생은 짧고 예술은 길다는
그 말 한마디
부족하지만 시를 쓰며
영원한 삶을 꿈꿔보자

낭만가(浪漫家)는 흥겹다

발광토록 목 놓아 불러본다
저 달이 날 속일 줄 몰랐다

인생길 행복인 줄 알았지만
걸어온 세월 지나친 그림자
허탈한 언덕배기에 서 있는 게 아니더냐

숨찬 언덕 가뿐 길 쉬어가자
멋진 광야에 갈색 석양 가슴에 안고
낭만에 흠뻑 취해보자

80계단 높은 벼슬 왕관인줄 알았더니
속은 세월 차분히 돌아보자
90계단 사뿐하게 또다시 걸어가자

미련!

깊은 바다 수심 같은
미련(未練)이란 사려(思慮)
우리 인생 항로 걸림돌 아닌가
고심(苦心)에 잠겨본다

풍미(豊味)로운 인생사 향미(香味)로운 청춘
사려 깊은 미련이란 진미(珍味)가 아니라네
고심한들 돌이킬 수 없지

인생 眞美 찾는 미련 없는 삶
거목 산천 자연처럼
수심 깊은 진주처럼
힘찬 동역 태양처럼 살아보세…

하늘 내린 미각(味覺)을 살려
미련이란 후회막심 다가서기 전에
기쁜 삶 감사하며 살아보세

노후의 미숙(未熟)한 지팡이
참된 벗일까 미련인가

흥미로운 장기판 한 수 떠보세

장이야 군이야
당당하고 힘찬 삶
기쁨에 넘치는 한평생 살아보세

만우절에

만우절이다
세상이 나를 속였다
나는 세상을 속이려 염색을 하고
화장품을 발라보지만
나는 세상을 속이지 못하였건만
세상은 나를 속여 늙고 말았네

거짓말하는 오늘
나는 거짓말을 할 게 없다
내 속 내 행동은 모두 드러나 보여
거짓 없는 오늘이다

이 쑤시고 앞은 몸을 속일 수 있다면
날개를 단 듯하련만
거짓말할 수 있는 만우절에
거짓말할 수 없다는 게 더 거짓말 같네

벌 한 마리

오늘은 일요일
지난주처럼 조용한 낮
창가에 벌 한 마리
짝 잃은 듯 방황하네

여름 한철 나돌며
방황하는 벌처럼
외로움에 지친 맘 달랠 길 없어
나도 방황을 일삼는다

노익장과 태권도

노익장을 과시한다고
남들은 내게 칭찬하며 야단들이다
나는 사실 날마다 운동을 해서
가까스로 지키는 건강인데 말이다
나는 강철 무쇠가 아니다
그러나 강철 무쇠도 그냥 놔두면
녹이 슬고 못쓰게 되는 법
인간처럼 탄탄한 무쇠는 없다
100년 녹슬지 않는 삶을 살기 위해서는
태권도로 단련할 수밖에
세우자 탄탄대교
맨주먹으로

짙은 행복은 환상인가

그늘 밑의 나는 한숨인가
활기찬 행복은 한숨 섞인 거품인가 묻는다
지나치는 바람은 말한다
여기까지 왔는데

그래요 여기까지 왔는데
바람 그 한마디
쓸쓸한 인생사 행복하리
외로움 실마리 풀 길 없는데

대지의 항구
파도 창천항로 길잡이 등대
희망 이것만은 그리도 홀로 외로울까
안개 서린 내 맘처럼

내 그림자가 행복하다고 웃는다
환상 단풍에 안겨 외로운 눈시울 감추려고
짙은 행복 물고 간 그대
숨결 없는 창가 참새 한 쌍 지저귄다
행복의 그 시절 우리를 보는 듯하다

오늘

오늘… 다가선 맘
왜 이리 무거울까
날씨가 흐려선가 구름 때문인가
아님 간밤의 그리움 때문인가

한없이 조이는 숨결
정든 그대 꿈에 보고파
모래사장 가면 볼 수 있을까

남 볼까 두려워 숨어서 우네
눈물자국 흔적 가리며
몰래 돌아서 웃음 지어본다

모래사장에 둥그렇게 커다란 하트를 그리고
그 안에 들어가 본다
님께 전할 맘 한 줄 써 본다
가슴 미어지듯 사랑한다고…

2부
봄이여 오라, 내 조국에도

노을에 한발 다가서며

오늘도 어제처럼 동이 튼다
내일도 모레처럼 동이 트겠지
시냇물 강에 흘러 파도가 되듯
묘목이 자라 기둥이 되듯
모래알 굳어 바위가 되듯
세상은 열심히 성장하는데
나만 늙어가는구나
그래 늙는 것도 성장이라 했다
호박도 늙어야 맛이 들고
사과도 익어야 맛이 있지

한 발 한 발
노을에 다가선 나!
일장춘몽이라지만
90삶이 이리 긴 것을
누가 알랴

계곡 단상

오랜만에 계곡에 왔다
어린 시절 여름 한철
냇물에서 개구리 수영을 하던
그 시절 죽마고우 그립다

물에 뜨려고 발버둥치던 그시절
이제 지팡이로 발버둥친다
주님께 하소연하며
흐르는 눈물을 강물에 띄운다

여승의 정 한 폭

그리운 정 한 폭 펼쳐보자
한 폭 한 폭 늘어놔 보자
한적한 목탁소리에
인경소리 은은하다

한 폭의 정처럼
한 폭 한 폭 펼쳐보자
한 맺힌 여승 옷고름 풀 듯
강물 위에 속세의 정을 벗어던지자

훨훨 강물에 띄워
몇 폭이나 되는지 풀어보자
애타게 보고 싶은 정
치마폭에 가려 보일 듯 보일 듯
간 태우며 몸부림친다

여승의 맘은 화장터다
속세의 맘을 얹어 다비를 치른다
남의 아비 타불 남의 어미도 타불
남의 남자를 만나서는 안 되고 남의 여자도 안 된다

당돌 뿌리

옛말 그대로 당돌 뿌리는
천둥 번개 지켜낸 대웅전의 기둥이다
장엄한 체구 골격 뿌리는
마도로스 항구의 등대다

보리 싹 무르익는다
농부가 춤을 춘다
광대들의 피리 소리
당돌 뿌리 들먹일까

당돌 뿌리의 기세로 거머쥔
가정을 지키는 대들보 뿌리
요지부동 깊은 당돌 뿌리는
주님 섬기는 신앙심이지

개 팔자 상팔자!

개 한 마리 네 다리 쭉 뻗고
늘어지게 자고 있다
개 팔자 상 팔자라 하더니
버드나무 가지처럼 늘어진 개
세상에 부러울 게 없어 보인다

늘 벌어야 하고 먹어야 하고
움직여야 하는 우리네 신세
누가 먹여주고 재워주고
집이나 지키라면 좋겠다

그러면 기어이 내 목에 줄을 걸고
주인의 말을 잘 들을 텐데
부모님도 먼 길 떠나고
아내도 장에 가서 안 돌아오고

제자리걸음이 막상 갈 길이 없네!
내 팔자 한심스런 내 신세야
그늘 밑에 늘어진 개 팔자 그늘
하품 짓는 그 모습이 부럽다

건달 같은 매미를 닮고 싶다

여름의 숲속에
매미들 쌍쌍이 울어댄다
우렁찬 노래가 천리만리 퍼져나간다
그늘 속에서 놀면서
노래나 부르는 한량이 되어

옛날엔 개미의 부지런함을 배우라 했지만
지금은 매미의 특기를 배워야 한다
특기 없이 인생을 살아가자면
이것저것 허드렛일을 해야 하지만
매미처럼 노래를 잘 부르는 가수가 되면
송가인이나 임영웅처럼 귀한 대접 받으며
부자가 될 수 있다

이제 건달 매미는 우리 인생의 롤모델
열심히 물어 나르며 걸어가기보다
노래 부르며 출연료를 받는 편이
훨씬 고부가가치다
진땀 뻘뻘 흘리며 일한
개미의 곳간이 풍성하다지만
놀면서 사는 매미 한량의 삶이 부럽다

문풍지

눈보라 찬바람이
창호지로 파고든다

귀밑 시려 흘린 눈물
천 리 만 리 파고든다

문틈의 사이로 보이는
한 폭의 설경화

봄이여 오라, 내 조국에도

아침 햇살 눈부신 동산은
대자연은 봄맞이하느라
오늘도 술렁이고 있는데
꿈틀거리고 있는데

이국땅에서 바라보는
내 조국의 봄은 머-언 꿈 이야기 같구나
아직도 당파싸움 여전하고 지역싸움 여전해
내 조국 민주주의의 봄은 언제나 올까!

타국 땅 하늘은 저리도 푸른데
그리워라 내 조국 하늘
가고파라 내 고향 천 리
산천초목 흙도 그립구나

내 조국의 민주주의여 어서 오라
내 조국의 선진국이여 어서 오라
활기찬 웃음으로 사는 내 조국
내 조국의 봄이여 어서 오라

시(詩)란?

시란? 숙어(熟語)로 엮은 환상과 낭만 희망
그리고 인생사 고락 한 줌 펼친
문풍지 그림인가
아니면 감성 노출인가
아…, 시란 벅찬 파도라네!

시사(詩思)란 찬란한 보름달의 도출이다
슬픔 기쁨 외로움
감상의 눈빛 같은
가슴 벅찬 삶의 그림!

시! 환상적 "삶"의 은하수가 아닌가
찬란하게 비치는 광채
반짝이는 반딧불
아름다운 세상 원을 그린다!

화살 같은 시사(詩士) 감성
천둥 번개 요동
세상사 낚을 시사(詩思)에 잠긴
강태공 아니더냐!

거울 속의 주름진 자

김 서린 거울 속 희미한 그림자
흩어진 백발 얼기설기
모양새 어지럽다
주정꾼인가!
"여보, 나 좀 봐 마누라" 불러본다
거울 속 인간 누구인지

기가 찬 마누라 소리
"난들 어찌하오 당신도 모르는 인간
도깨비 혼인가
당신 며느리 불러요
아들도 모를 테니…"

거울 속 희미한 그림자는 도깨비인가
아님 주정꾼 서방인지
갈팡질팡하는 나는 아닐 테고…
정신 빠진 소리 어제도 오늘도
마누라 호통에 눈이 번쩍 뜨인다

우물처럼 깊이 파인 눈동자
흘러내린 물줄기 한스럽다

인생은 한 줌 모래

때로는 강물처럼 때로는 파도처럼
출렁이는 맘에 부딪친다

붉은 장미의 계절
그녀 눈빛을 밤새 못 잊어 찾는다

그녀와 함께한 해변가 발자국
허둥지둥 찾지만

남은 것은 모래 한 줌
파도에 잠겨 흔적 없네

어디론가 떠난 님처럼!
사랑한다 외쳐본다

그 눈빛 그리워 지친 나
맥 잃은 발길 잡아주렴

달력 인생

밤새 부스스 달력을 생각한다
어리석은 세월에 지친 손이 마구 흔들린다

초가삼간 굴뚝 연기
목동 피리 소리 어제건만
화무는 백일홍이라
그 화사한 일화 장미 흔적 없다

새벽이슬에 숨 쉬는 코스모스
그 모습이 반갑다
다홍 분홍 손수건
인생사 그려보자!

천고마비 가을 상징 코스모스야
흔들리는 내 인생을 잡아주렴
흥겨운 코스모스인양
춤추며 살아보게 해다오
인생사 즐거움이 아니더냐!

개똥벌레 인생

개똥벌레 철학의 인생
젊은 열정 불타는 숨결 찾아 헤맨다
웅장한 파도를 벗 삼아
인생길의 활주로를 달린다

알지도 못한 속세
거짓 인생이더냐 철학 인생이더냐
사나이 열광 심뽀더냐
미친 듯 발광한다 무엇인지

엉뚱한 생각이 철학인 듯
실속 없는 인생이 철학인 듯
뽐내며 갈망한다

어이없는 거짓 인생을
남 보란 듯이 자랑이다
허파 없는 인생이건만
한 줌 흙 될 인생이건만
무엇이 장하길래 저리 자랑질인지
쯧쯧…

막차 탄 심정

희망과 기쁨, 환상과 낭만 9월
벅찬 가슴은 유리알처럼 맑다
그 찬란 가을 속 돌아본 나는
한없이 매정하다 가슴 도려낸 칼날처럼

진실한 마음속 거짓 없는 인연
천생연분 사랑으로 새긴 님 9월
소나기 번개 천둥 삭막한 순간
기절초풍 가로수 등화였다

오만 인생사 지낸 허울이건만
죽음이란 두 글자 앞에 굽힌 무릎
간절하다 요단강 건너보낸 님 애처로워
진실한 삶의 종착역을 잃은 심정 막연하구나

이 세상 누구도 나눌 수 없다고 한
님이 간 곳 없는 9월
애절 복통하며 숨 막히는 가슴을 조인다
간곡히 부탁하노니 끈끈한 정 나누며 살아보자

너나 나나 빚진 인생

속세 죄 많은 인생이라 했던가
속절없는 우리 몸 한평생 빚진 인생
부귀영화 누리며 이 세상 내 것처럼 투정
거기서 거긴 운명인 것을

이처럼 황당하고 아련한 잔나비띠 인생이다
그 누가 시간만이 약이라 했던가
이는 헛된 욕심이라네
오늘도 내일도 무거운 짐이라네

소외된 삶을 생계 삼아 방황하는 노숙자
그 헐벗은 삶 사시사철 파리 목숨
그리도 소외되어야 할까
이 세상 그들의 눈으로 보았으면

솜사탕 같은 삶

사랑이란 빛 앞에 도사린 나
내 사랑 무게로 그대 그리워
그대 내 맘 알아줄까

이 순간 태산처럼 무거운 내 가슴
숨 막힌 나는 사랑 손길로
이 맘 다듬어 반기네…

바람 속 당신 소리 새싹처럼
비란 님은 그 소리 님의 사랑인가
허공 짚어보네 구름 속에서…

이토록 반겨 웃는 그대 속 나
뜬구름인가 애송 바람인가
아침 먼동에 그대 웃음 반가워…

어디인가 님 발길 살핀 여린 나
그 눈물방울 속 담긴 님 보고파
살금살금 다가서네

어떤 하루

찬비 보슬보슬 적신 하늘 밑
인적 없는 한산한 골목
어제 자전거 경주를 하던 아이들의
낄낄거리던 웃음은 들리지 않네
이제 나는 한적한 골목
오늘은 누가 내 골목에 와서 놀아주나

가뭄에 콩 나기처럼 들리는 차소리
돌아보니 반가운 우편배달부다
마스크로 변장한 배달부
나를 보지도 않고 숨바꼭질하듯 도망쳤네
내 모습에 놀란 가슴 움켜쥐고
코로나19에 걸린 영혼인 줄 알고…

전선에 옹기종기 앉아 참새 가족 도란거린다
날 보고 재재거린 한 판 웃음에
나도 한 판 웃노라니
창가에 비친 나
혼쭐 빠진 눈시울이 가관일세 가관…

사랑이란 두 글자

사랑이란 두 글자에 원을 그려본다
행여 임 마음 담아볼까
그대 마음 모아
내 가슴에 담아봤으면

어리석은 사랑이라
누가 이토록 뜨거운 사랑을…
커피잔에 담긴 임 사랑
내 맘에 담아봤으면

사랑 깊은 동굴 굽이굽이
오색찬란한 불빛 반짝이네
내 사랑 거울처럼
구석구석 비춰준다

이 순간 저 순간 스치는 소리
빗방울처럼 귀 밑을 지나련만
이토록 애절한데
임 향기 느낄 수 없네

그리움의 기적

그리움 참고 사는 세상
왜 이리도 냉철할까
썰물처럼 밀려오는 그리움
부둥켜안고 울어본다

꿈속에서도 아리는 눈시울
그리움으로 떠지지 않는 눈
애절한 그리움 기적에 싣고
천리만리 광야를 달려본다

그리움이란 고통
왜 이리도 깊을까
수심 깊은 우물처럼
파고든 그리움 흔들어본다

시원치 않는 세상
나만 그럴까 하늘에 물어본다
천둥 같은 그리움 한 폭
구름에 실어 날려본다

방랑자

웬일일까
아아 웬일일까
이 야심한 밤
어두운 잠자리
몽상에 잠겨 희미하게 보이는
천장에 비치는 내 그림자

조용히 다가서 물어본다
애처로움을
무언의 내 눈만 어리둥절하다
길 잃은 방랑자
언제까지나 이 같은 방황을 해야 하나
인간은 과연 방랑자인가

내일을 위하여

하루 달랑 남긴 달력
내일부터는 파란곡절의 사월이다
창문엔 빗방울이 옹기종기 모여앉아 있다
엄마 아빠 형제자매 방울방울 모였네

내 인생에도 수많은 빗방울 소리가 스쳐갔다
옹기종기 모여 살던 지난 날들
방울 속 깊고 그윽한 사연 담아
행복을 심어보자
여름에 꽃을 피울
오늘을 준비해보자

내 마음은

내 맘을 무어라 할까
텅 빈 찻잔?
아니, 동동주 항아리 속
표주박이라네

내 맘을 무어라 할까
가을 철새?
아니, 길 잃은 나그네의
등에 매달린 괴나리춤이라네

내 맘을 무어라 할까
텅 빈 헛간?
아니, 그립고 애절한 님 찾는
허탈한 울타리라네

구멍 난 가슴

파란만장(波瀾萬丈)한 세월을 두드리는
목탁소리 들린다

누가 이 세상을 속세라 했나
파란만장한 세월 지나온
웃음을 술잔에 띄워보세

반평생 타국살이
청춘은 어디 갔을까
펄펄 끓던 용암 같던 그 시절
정든 고향 떠나 태풍처럼 몰아친 타향살이
그 발자취 흔적 없구나

산천초목도 가던 길을 멈춘다
내 가슴은 휑하니 구멍이 뚫려 있는데

3부
떠오르네 어머니 미소!

어머니 왜 날 두고

어머니 어머니
왜 날 두고 어디로 떠나셨나요
아침도 안 드시고
말씀도 없이 왜 그리 급히 떠나셨나요
시장기 어이 참으시려고
서둘러 떠나신 어머니…

가시는 밤길 전등불은 있었는지요
어둑 컴컴한 밤길 어이 살펴 가셨는지
전등불 하나 들고 가셨더라면
화단 길이 편하셨을 텐데요

어머니날 드릴 선물 감춰놓았는데
이제 그 선물 우편으로 보낼게요
아버님 가신 그 천국 주소로요
아버님과 함께 반겨 펼쳐 보세요

어머니 그 선물은
며느리가 몇 날 며칠 밤새워 가며 준비한
며느리의 사랑이랍니다

어머니가 생전에 아껴주신 사랑
그 사랑의 선물이 담겨있어요
어머니날 꼭 손잡고 드릴 선물이요

그리도 긴긴 세월 기다리신 사인데
이제는 영원 영생하시길 주님께 기도하며
어머니 아버님 영전에 철부지 적 마음 모아
오월의 장미 한 송이 바칩니다!

안녕 안녕히 계세요 엄마!
보고 싶어요 엄마!

백년만년 살 줄 알았네

어젯밤 뒤척거리던 잠에서 깨어
함박눈 내리는 창밖을 내다본다
부스스한 내 모습 속
굳어진 주름살 위로 흐르는
굵은 눈물 줄기!

왜 그칠 줄 모르고 하염없이 흐르는 걸까
며칠이 지난 오늘도 답 없는 심정에
너무 안타까울 뿐이다

환갑 고개 넘어 70대
그리고 80대로 옮겨진 발길
그게 바로 자연의 이치라지만
황혼을 안고 가는 길손은
이 같은 심정에 울먹이며
떨리는 손으로 눈시울을 훔칠 것이다

우리가 자식이었을 때
부모님은 백년만년 생존하시는 줄 알았지만
이런저런 생각 없이

바쁜 세월 속 허둥거린 삶에

어느 날 뒤를 돌아보니 소리 없이 해가 지고 있는
바닷가 석양의 황홀한 노을을 안고 서 있었네
희미한 기억 속 아롱거리는 부모님 생각
아, 그리운 어머니 아버지…

가슴 미어진 할배 심정
- 손자 크리스, 벤, 손녀 예경이에게

요즘은 왠지
부쩍 손주들이 그립다
그리움에 쌓여선가
어깨 처진 몸으로
보고픈 마음 추스를 길 없어
허둥지둥 가로수 부둥켜 안아본다

고사리 같던 손주들의 깔깔 웃음이
귀에서 춤을 추네
잊을 길 없어 주님께 기도한다
정겨운 고사리손 품에 안고파
할배 사랑 듬뿍 담아준다

간밤 꿈에 본 고사리 손
그리움에 싸인 내 입술이
메마른 가을 잎 바람에 날리듯 애처롭다
살며시 부둥켜안아 줄 수 있으면 좋겠다

오늘 올까 내일 올까 달력 꼽아본다
비 오는 날이나 화창한 날

엄동설한에도 손주들의 건강을 위해
성수 물에 주님 은총 빌며
만남의 기쁨을 기다려본다

사랑하는 나의 손주들에게
주님의 은총 있으라

그리운 어머니

내 손 꼭 잡고 떠나신 지
수많은 세월이 흘렀건만
주일이면 어머니 생각이
가슴을 파고 든다

불효자 잘 되라
성수 물 떠 놓고
밤이면 두 손 모아
빌고 비신 어머니

주일이면 찾는 성당
오늘 따라 이 발길 멈춰지네
밤새 내린 빗소리에 시달려서인가
아니면 어머님 성수 물 소리였나

싸늘한 봄바람이
고이 잠든 어머니를 감싸며 돈다
창에 비친 어머니를 돌이켜 본 순간
불러 불러도 인적 없는 어머니

개망나니 어린 시절
살금 품에 감싸주신 어머니

애처로이 불러봅니다
정겹게 부르던 내 "엄마" 목소리
이토록 이토록 안타까운 어머니
언젠가 만나뵙겠지요
그때까지 엄마, 안녕!

떠오르네 어머니 미소!

고사리 시절
눈보라 빙판 달린 날
반겨준 얼굴 떠오른다
정겨운 그 미소!

벅찬 보릿고개 넘나들 때
힘내라 반겨준 어머니의
포근한 미소가
꿈에 보인다

살아생전 보내주신 생일 엽서…
"사랑하는 아들아!"
하시던 말씀
오늘도 기다려 봅니다

그래요 텅 빈 우체통엔
싸늘한 바람뿐
울먹이는 눈시울 빙판되어
어머니 미소 담아봅니다

어버이날에

만인들이 어버이를 찾아 북적거리는 향수의 날
나는 어버이의 자취 찾을 길 없어
싸늘한 숨결 부둥켜안고 길을 헤맨다

정, 그게 무엇이길래
이리도 내 맘 도려내는가
돌이킬 수 없는 그 무심한 날들
가슴에 품고 흐느낀다

세상만사 가고 오련만
그 먼 낯선 곳에서 어찌 지내시는지
이 맘 갈팡질팡
비통한 심정 감출 길 없네

즐거운 어버이날
사랑하는 가족 친지
만인과 함께 나누지는 못해도
천국에서 주님의 사랑 받으며
행복한 어버이날이길 바래봅니다

누이 생각

세상이 들먹들먹하다
화산이 폭발하려는가
널뛰는 가슴을
오라비 반겨 안아준
나만의 누이

나만의 누이 보고파
눈동자를 마구 돌린다
나만의 누이 숨결 따라
가을 길을 걷는다

누이가 속삭인다
귀밑이 뜨거워지며
세상이 훈훈해진다

아! 누이여
나만의 누이여!
고마운 누이여
안녕

추석 풍경

추석날이면
우리 마을엔 광대놀이가 한창이다
이웃 처녀는 색동 치마저고리에
옷고름 입에 물고 구경이 한창이고
아낙네는 풍성히 시루떡을 이고 집으로 가고
남자들은 멧방석 펴고 윷놀이에
윷이다 모다 잡았다 업었다 하며
장안이 들썩하다

물러서라 물렀거라
호령하는 소리에 뒤돌아보니 왕님 행차란다
조랑말 행차에 세상이 들썩들썩
빽적지근한 추석놀이다

추석놀이 한 판에
어깨춤이 절로 나던 시절 그리워
이국 만 리에서 방황한다

부모님 성묘도 가야할 텐데
모든 것이 아쉽기만 하다

자식 자랑

친구는 말한다
자식 자랑은 멍청이라고
듣는 둥 마는 둥 돌아서는 발길 아련하지만
그래도 자꾸만 자랑하고 싶다

효도하는 자식 자랑을 감춘 아비는
괜한 자식 자랑에
친구 잃을까
얼버무린 가슴에 속이탄다

자랑 말고 겸손으로
친구 화목 채워보자
우거진 소나무 숲 같은 친구
아름다운 향기 나눠보자

카네이션을 달아드리고 싶다

푸릇푸릇 새싹 쑥쑥 자라나는
활기찬 오월이다
오월엔 환희의 단오가 있고
어버이날이 들어 있다

카네이션 향기가 그윽하다
어느새 부모님은
천국을 여행 중이신데
어찌 카네이션을 달아드릴까

봄비 속의 어머니

비가 내린다
봄비가 내린다
어머니 눈물이 내리고 있다
주일이면 놓칠세라
고사리손 꼭 잡고
실과 바늘처럼
성모님 찾으시던 어머니

봄은 왔는데
어머니 안 계신 봄이
왜 이리도 싸늘할까
솜털처럼 따스한 어머니 품이
아기처럼 그리운 날이다

애처롭게 불러보지만
산천초목 울려도 대답 없는 어머니
그때는 몰랐습니다
어머니가 왜 빗속을 거닐며
우산 없이 우셨는지

눈물조차 보이지 않으려
빗물로 가리신 어머니의 피눈물
한 서린 눈물을
어머니 어머니!
이제야 그 눈물의 의미를 알았습니다
저는 아흔이 되고서
이제야 철이 들었어요 어머니

천연색 그리움

천연색 그리움이 물방울처럼 열 손끝마디에 매달렸다
허겁지겁 살아온 세월 갈기갈기 찢겨진 청춘
설기설기 접혀진 그리움 돌릴 길 없네

용서란 두 글자는 주님의 계시
인생사 진리건만 잊고 살았네
불행한 인연 감싸 사랑 싹트는 용서로
우리 인생사 밝게 하리!

악연이든 행연이든
천분(天分)의 인연이 아닌가 살펴보자
인연 없는 삶은 치욕이 아니던가
용서 없는 인연 믿음 없는 신앙은 생지옥이라네

옷자락 스친 연분이라도
억겁의 연으로 만나는 소중하고 소중한 인연
돌고 도는 인생사
아름다운 천분으로 여기고 주님께 감사하라

노년이란 화살

일평생 들어보지 못한 노년이란 화살
엄동설한 얼어붙은 창에 번개처럼 날아든다
날아든 화살 틈새 보인 설한은
노익장을 과세하는 내 백발이 아닌가 기울여본다

엊그제 활기는 일장춘몽 사라지고
이제 힘없는 백발이란 엄동설한의 그림자만 술렁인다

과거란 활력이 이제 얼마나 끈끈할지
조석으로 느끼는 문 풍자 바람에 흔들려
과거란 향수에 젖어본다

노년이란 화살은 내일
아니, 오늘의 알찬 희망이 아닌가
힘차게 새해를 활짝 안아보자
올 한 해의 환상을 위해

* 2023 1월 1일 계묘년 새벽에

사랑의 손길

사랑이란 황홀함 앞에 나는 무릎 꿇었다
태산처럼 가슴이 무거운 날
임은 사랑의 손길로 이 맘을 어루만져주었다

그토록 반겨주며 웃는 그대
어느 날은 바람으로
어느 날은 구름으로 나를 움츠리게 했지만
늘 따사로운 햇살로 은은한 달빛으로
그리고 황홀한 별빛으로
그녀는 나를 비쳐주었다

간간이 우는 벌레 소리라도 좋다
하룻밤 사이 눈물이 강을 이루고
바다로 달려가노라
구름 조각 사이 노을빛이 탄다
내 사랑을 향한 그리움으로…
그리움으로…

환상의 여인

아 10월!
오색 물든 가을 먼 추억에 잠든다
오가는 계절 가을 낭만
아름다운 정서에 몸부림친 열정

몸부림 갈망 환상의 여인
그 아름다운 자취 다가선 향수
설레네 설레요 벅찬 손에 설레요

파고든 설렘은 마도로스 항로를 따라
파이프 연기에 담아본다
잡힐 듯 잡힐 듯 잡히지 않는 환상인가
벅찬 심정 따라 헤맨다

아름다운 환상의 여인
이 맘 깊은 곳에 도사리고 있네
애처로운 밤 향수에 잠길 때
열정 품에 먼 곳임을!

임은 먼 곳에!

애절한 그대의 오색 춤
어이 이리도 눈부시고 찬란할까
그 흐르는 기운

용암의 불꽃처럼 핏줄이 요동한다
아름다움에 숨이 막혀
살 속으로 그 정기 숨어든다

불타는 그대 활기
감도는 아름다운 향기
태워보면 용암될까

불꽃 그대 욕망 얼싸안고
엄동설한의 님 입술처럼
떨리는 나의 혼을 그 누가 잡아주리

청천 하늘 둥실 백옥 구름처럼
다가선 그대 순정 내 영혼 감돈다
이리도 기쁠까

인생사 처음 보는 맹인처럼
앵무새 물고 온 사랑 씨앗 심어
사랑 꽃향기 풍기리!

내 사랑 둥실

신명 난 그대 활기
오색으로 춤추는 모습
어이 이리도 눈부실까 찬란하네
그 흐르는 기운은 내 핏줄에 폭포처럼 떨어진다
이 떨리는 나의 혼 그 누가 잡아주리…
이 맘 진동하네 화산 불꽃처럼
벅차고 아름다워라 숨 막히도록
내 핏줄로 핏줄로 숨어드는 그 활기
당신의 사랑 내 잡으리
그대 사랑 손잡고
하늘 중천 불타는 그대 활기 속 감도는 춤 향기
아름다워라 내 가슴 훨훨 눈부시게

청천 하늘에 둥실둥실
백옥 구름처럼 다가오는 그대 순정
내 영혼 얼싸안고 감도네
세상 밖 처음 보는 맹인처럼 이리도 기쁠까
앵무새 물고 온 사랑의 씨앗 심어
꽃향기 풍기리

환상 속의 그녀

몽상에 잡힌 나의 숨결
숨어든 그녀의 숲속!
반기는 그녀의 미소
나는 산들바람에 흔들리는
한 떨기 장미라네

오늘도 나는
앵무새처럼 지저귄다
사랑한다고
고마웠다고

메아리 진동한다
사랑한다고
고마웠다고

나의 환상
그대여

그리움의 씨앗

미치도록 사랑가 불러본다
가슴 속으로 속삭인 인연
그대 손잡고 포근했던 시절 어제 같건만
벌써 몇 해가 지나버린 건지

오늘 하루만
내 인생에서 지워버리면
그리운 님 찾아오시려나
북두칠성에게 물어보자

아침 햇살 눈 부셔 붉어진 눈시울
아물아물 물방울 이슬처럼 맺혔네
방울방울 샘솟는 그리움
아, 외로움의 씨앗인가

주님의 서광

아침 햇살에 동녘이 찬란하다
기쁨에 넘쳐 창을 연다
버들잎 사이 찾아든 광채
주님 빛인 듯 황홀하다

줄기찬 주님 서광에
알찬 희망을 꿈꾼다
백옥 같던 유리창이
천색 무지개처럼 황홀하다

푸른 하늘에 조각구름
선녀 날개처럼 가볍게 날린다
아침 햇살에 감사하자
주님의 서광이라네!

친구에게

여보시게 친구 우리에게도
아물아물 아련한 어린 시절이 있었지
하룻저녁인 듯 지나간 속세
아직은 생이 머나먼 곳에서 숨 쉴 줄 알았네

그러나 이제 멀지 않은 시간에
주님의 곁으로 갈 때라네
쥐도 새도 모를 생의 쌀쌀한 겨울이
머나먼 북녘서 썰매로 왔다네

우리의 남은 인생
두 손 모아 주님 성전에 기도하세
찬바람의 겨울 견디면
또다시 새싹이 돋아날 지리니

친구란

친구란 고목나무
그는 사시사철 거센 풍파 속 내 대들보
모진 회오리 비바람으로부터
나를 막아주는 대들보

친구는 내 마음 수양버들
언제나 고운 가지 잎으로
즐거이 춤추며 마중하는 정겨운 손
나는 오늘 그 친구가 그립다

친구는 야생마
푸른 언덕을 함께 달리는 야생마
친구들의 말발굽 소리가 들린다
정겨워라 그 숨소리…

허공

늦가을 허전한 마음
달랠 길 없어 나선 길
공원에서 통기타 소리가 들려온다
통기타 한 줄에 이맘 풀릴까
왜 이리도 가슴이 저릴까
부드러운 입술로 첫사랑을 고백하던
그 불타던 숨결은 어디로 갔을까
사랑 떠난 비통한 심정을
통기타인들 튕길 수 있을까
무정한 정 떨치며 후회하네
아, 정…
그 그리운 정을 어이 채울 수 있으리

4부
속절없는 바람 인생!

희망에 부푼 정월

새해란 희망
그 희망이 주는 기대는 열렬한 포부라네요
희망찬 기대를 찾아 나선 붉은 새벽
먼동 눈부시네요
그래요
그 눈부신 희망 가슴에 품고 싶어요

벅찬 가슴 숨소리 진동 속을 달리네요
찬란한 동력으로 들어보자구요
내 숨소리 벽력같이 울리는 그 진동
희망가를 불러보자구요 희망가를

정월 대보름달이 눈부시네요
보름달에 비친 은빛 초가삼간은 보금자리라네요
님과 속삭이는 소리가
창밖에 소곤소곤 들리네요

사랑 2월!

아… 청춘맞이 2월이라 했나
그래요, 이팔청춘 긴긴 밤
젊음이 싹트는 사랑 달
님 향기 온온한 이월이라네

살짝이 다가선 포근한 봄바람
내 소맷자락 흔드네
참으로 반갑다 너의 모습
님 본 듯 정겨운 봄 이월의 향기!

옹기종기 새싹 트네
고사리 봄바람에 앵무새 날아든다
가지가지에 새파란 몽우리 서듯
내 가슴에도 파릇파릇 님 사랑 피어나네

봄의 초가삼간 굴뚝으로 타오른 하얀 연기
고향생각 그립다
참새야 사랑 씨앗 물고 날아와 주렴
기다리는 봄 싹 트게

꽃샘바람!

누가 꽃샘바람이라 했나
그 고사리 싹 트는 산들바람을…
그래 처녀 가슴 설레이는 꽃샘바람
아 새롭고 온화하다
산들산들 스쳐가는 향기에 내 정서를 담아본다
살금살금 피어나는 연분홍 진달래야…
곱고 곱다 너무 고와
내 맘을 네 앞 다가서게 하는구나

내 사랑을 찾듯 봄을 기다리는 아침에

나는 봄에만 살았다

어렴풋이 떠오르는 지난날
나는 지금까지 봄에만 살았던 것 같다
왠지 새파란 고사리 잎 같은 세월이었고
이슬 맺은 물방울 같은 삶이었다

황새 가족이 어디론가 흥겨워 날아가고 있다
아빠 엄마 그리고 귀여운 새끼 세 마리
팔딱팔딱 고사리 날개 저으며 날아가고 있다
여린 날개 휘어질까 내 맘을 졸인다

나뭇가지 틈새로 드는 아침햇살 눈부시다
곧 앙상한 가지가지에 푸른 잎에 돋겠지

아 나는 봄에만 살았다
나의 멘토 아내와 함께
내 인생 되돌아보니 따사로운 봄날 인생이었다

오라 오월이여!

누가 사월은 잔인한 달이라고 했던가
빗방울 옹기종기 창을 가리고 있다
내일이면 오월 단오
어머니날이 다가온다
열정의 장미가 불타는 오월
우리 인생은 얼마나 방울방울 스쳐갔을까

남은 하루 부둥켜안고
사월은 비를 내리고 있다…
오월 찬란한 신록의 계절을 꿈꾸며…

생명의 끈 방울방울에 흠뻑 적셔보자
우리네 갈라진 마음 밭 주룩주룩 내려라
주룩주룩!

오월 마지막 환상 눈앞에…

우리 인생길 후회 말자
벅차다고 하차하지도 말자
우리는 언제나 희망의 기로에 서 있다
꿈은 늘 눈앞에 있지 않는가
동물 세계를 통해 자연을 바라보자
그들의 숨소리에 후회가 있는가

무자비한 오늘의 코로나19 감염파동
누구의 탓이더냐
비행기로 실어 나르고 배로 이동하고
문명이란 두 글자가 새긴 장식이 아니더냐
보라… 가냘픈 인생사
희망에 날자
독수리 날개처럼 힘차게!

푸른 바다 왕고래 울고
갈매기 끼룩끼룩 환상의 오월이네
산천초목 고동소리 들리네
우리는 희망가를 불러야 한다
사시사철 꽃피는 인생 화단이 아니더냐
후히 말자 짧고도 긴 인생길!

단옷날 향수

밤새 내린 비에
풀잎 끝에 빗방울이 방울방울 맺혔다가
바람에 날린다
나는 울음도 슬픔도 아닌
묘한 심정에 잡혀있다

오늘은 단옷날
옛날에는 큰 명절이었는데
지금은 단오가 무언지 아무도 찾지 않는다

굴렁쇠 굴리던 철부지 시절
만발한 찔레꽃 찾아 다니던 그 시절
그 향수는 눈에 삼울삼울한데
내 친구들은 모두 어디 갔을까
아… 멀고 먼 옛 추억…

문득 내다본 창밖
담장에 핀 어여쁜 찔레 꽃봉우리
그 시절 그립다

사랑의 6월

사랑이란 꽃이지
향기 그윽한 꽃이지
열정 가득한 유월의 장미꽃이지

또다시 맥박이 뛴다
사랑"이" 물들이면…
사랑"에" 물들어야지

안 오는 그녀를 기다리며
서성대는 동동거림을 아는가
우리 삶은 아름다운 꽃이라네!

비 오는 날 환상

비 와요 비 와
어서 뛰어가세요
한 여자가 남편인듯한 사람을 보고
비가 온다며 소리친다
나도 소리 질러줄 사람 하나 있었으면 좋겠다
다그쳐줄 사람 있으면 좋겠다

평생 보던 빗방울을 다시 물끄러미 바라보며
멍청히 생각한다

그냥 비를 맞고 걸어간다
무작정 나선 발길
빗물에 신발도 젖고
옷도 젖고 머리카락도 젖었는데
내 맘만 보송보송하다

무작정 비를 맞고 걸어가다 주막으로 들어선다
버드나무가 술렁술렁 나처럼 흔들리는
장맛비 내리는 길목
내 맘 적셔줄 그대는 어디 있소

인생은 7월의 태풍

인생사 회오리바람
태풍 사이클론 윌리윌리다
동양은 태풍이요
미국은 사이클론
인도는 윌리윌리
모두 다 그 나라 사람에겐
그 나라 태풍이 부는 법

서른 살엔 사랑의 태풍이 있고
예순 살엔 인생의 태풍이 있으며
아흔 살엔 건강의 태풍이 있어
인생의 계절엔 누구나 태풍이 오지

일 년 내내 태풍이 부는 건 아니야
고작 한두 번의 태풍을 견디고 나면
오랜 평화가 오지

줄기찬 태풍

천둥 번개 거센 비
아름드리나무들이 넘어지고
홍수의 물결에 산이 휩쓸려 내려간다
산사태가 엄청나다

인간에게도 태풍은 있다
코로나19의 태풍으로
수 많은 사람들이 죽어 나갔고
고통 속에 있다

누구에게나 부는 태풍
풍파 인생이다
한숨 풀어 방앗간 피댓줄에 걸고
위기를 벗어나보자

귀뚜라미 소리

가을이 왔다
천고마비라는 밤하늘을 바라본다
밤이슬 차갑다
북두칠성이 아물아물하다
귀뚜라미 소리
내 발자국 소리를 듣고 멈춘다

저 귀뚜라미는
저리도 사랑을 부르는데
나는 누굴 불러
이 긴 밤을 지샐까

으스러진 맘 지울 길 없네
비통한 이 밤
임은 어디 갔을까

부러운 단풍잎

빠알간 단풍잎
아… 어찌 저리 아름답게 물들 수 있을까
정말 기가 막히게 아름답다
나도 저리 물든 단풍일까
나도 저리 아름답게 물들 수 있을까

늦가을 단풍의 속삭임을 엿들어보자
소곤소곤 도란도란
먼 옛날 님과 거닐던 발자취인가
아님, 다람쥐의 갈팡질팡 헤매는 소리인가

오늘도 나는 걷는다
정처 없는 이 발길
푸른 하늘 찬란한 호숫가
단풍잎 입에 물고 콧노래 부르며

성불사 인경소리 은은한 산천
염불하는 스님 목탁 소리
북풍일 듯 몰려온다

가을의 부탁

돌고 도는 인생사
사시사철의 계절 속 인생
해가 지는 줄 모르고 돌아가는데!
남정네 여색에 취한 듯
단풍잎에 취한다

그리고 부탁한다
가을아…
내 옆 떠나지 말아다오
내 인생의 겨울은 맞이하고 싶지 않구나

화사한 단풍이 미소로 날 반겨주네
애타던 오장육부 애간장이
빙산 녹듯 녹는다

단풍論

단풍잎 찬란하게 무르익은 가을
사랑도 무르익듯 눈동자를 반짝인다

향기로운 단풍이 노년 삶의 활기를 준다
내 생의 단풍잎 지기 전에
다채로운 향을 시에 담아보자

내 단풍의 속삭임의 들어보시게
어느 날 임과 거닐던 발자취인가
설렌다 단풍!

걷는다 오늘도
푸른 하늘 백구름 한 조각 떠 있는 호숫가를 찾아
단풍잎 입에 물고 향수에 젖어
콧노래 부르며 울먹인다

인경 소리 들리는 듯 은은한 산천
여승의 목탁소리인 듯 몰려온다
인생사 한탄 마라
너의 단풍은 아직 붉다

눈 내린 아침

아, 겨울인가 봐!
밤새 소복이 눈 내린 창밖
은빛 눈부신 아침이다

커피 한 잔 타서 창가에 앉았다
잔에 담긴 그대 미소
들여다보는 여린 맘 이리도 쓰릴까

사랑이란 두 글자를
행여 추울까 감싸 안아본다
첫날 밤 열정처럼 밤새 내린 눈
아, 내 사랑을 언제 만나리…

함박눈의 추억

밤새 쌓인 눈을 보니
어릴 적 눈밭을 쏘다니던 생각이 떠오른다

고사리손 호호 불며
냇가에서 썰매에 매달려 달리던 그리움

그 긴 세월에도 눈은 여전히 하얀데
애꿎은 세월에 주름진 나

옛날 그 시절 정든 개천
겨울로 돌아가 즐겨보고 싶구나

황금 노을

아, 서산에는
황금 노을이 찬란하다
내 인생 고령의 언덕에도
저리 아름다운 황금노을이 드리웠을까
남들이 나를 그리 아름답게 봐줄까

아니야
아닐 게다
나 혼자만 자화자찬 살아왔을 거야

이제라도 아름다운 노을이 될 수 있도록
내면을 아름답게 채워야지
더욱 좋은 시를 쓰며
인생사 아름답게 꾸며가야지

속절없는 바람 인생!

누군가 말한다
시 한 편에 달린 인생이고
읊어도 읊어도 가시지 않는 삶이라
초조한 마음 울컥할 때
시 한 줄 노래 한 곡 기타 줄에
튕기는 손 방황한다
길 잃은 나그네인가

한량(閑良) 같이 살아온 삶
돛에 매달린 듯 나그네 인생일 뿐
정처 없는 바람이라네

바람 같은 나그네 인생
속절없는 우리 삶이 아닌가
바람에게 물어본다

삶

삶이란 대명사를 활짝 안고 싶다
인생은 불타는 심지가 아니더냐
길고 짧은 심지가 아니더냐!
심지는 기름과 바람 등의 파란을 견디고
바람 앞에 곡절을 견뎌야 하는 것

개척이란 운명이 아니더냐
맴돌고 맴도는 행운의 빛 찾아
삶의 용기를 펄펄 날려보자
삶이란 참으로 황홀하다
우리 삶에는 멋지고 힘찬 숨이 용솟음친다

함박눈의 추억

밤새 쌓인 눈
추운 듯 안아달라고 손짓한다
낯익은 듯 정겹다

창살 사이로 품에 안겨 미소 짓는 너
고사리 시절이 어렴풋이 생각난다
냇가 썰매에 매달린 눈과 고드름

그 긴 세월 너는 변함없건만
애꿎은 나만
세월에 져서 주름져 있구나

아름다운 함박눈
옛날 그 정든 개천
겨울로 돌아가 즐겨보고 싶구나

작품해설

건강한 육체에 건전한 정신이 깃듦을 현상하고 보여주는 시편들

김 순 진 (문학평론가 · 고려대 평생교육원 교수)

작품해설

건강한 육체에 건전한 정신이 깃듦을 현상하고 보여주는 시편들

김 순 진

　사람들은 아메리칸드림을 꿈꾼다. 아메리칸드림이란 단순히 미국에 가서 사는 것을 뜻하는 말이 아니다. 자유를 입고 자유를 먹으며 자유를 덮고 자고 자유롭게 걷는 것이다. 자유라는 말은 풍요라는 말을 동반한다. 물질적 풍요뿐만 아니라 정신적 풍요와 신체적 풍요를 동반한 풍요를 우리는 자유의 범주 안에 넣기를 희망한다. 그래서 그것을 이루며 살기를 갈망한다. 자유롭게 살며, 풍요롭게 사는 것, 사람들은 그것을 이루기 위해 연구하고 골몰하며, 때론 찾아 나서기도 하는데 그것이 아메리칸드림이다. 사람들이 미국에 가서 살고 싶은 욕망을 가지는 것은 미국이란 나라가 단순히 민주주의의 상징이기 때문이 아니라, '이 세상에서 가장 살기 좋은 나라가 어디일까?'를 고민하며 행복이라는 인간 최대의 숙제를 해결하기 위해, 지상낙원을 찾아 떠나는 것이다.

하세종 시인은 1930년대 초반에 태어나신 분이다. 말하자면 우리 아버지의 연세이신데, 그런 분들은 일제강점기시대의 핍박과 6.25전쟁의 몸서리치는 잔악상과 가난과 배고픔이라는 기아를 모두 겪은 세대다. 스스로 가난하고 힘든 것이 아니라 나라가 가난해서 굶주려야 했던 세대다. 게다가 일자리가 없는, 죽어라고 일해도 별 소득이 없어 굶주릴 수밖에 없는 농업국가에서 태어난 우리 아버지의 세대다. 그래서 그들은 자유와 행복이 흐르는 곳을 찾아서 자신의 성공을 위해 정든 고향을 등지고 미국, 캐나다, 호주 등의 낯선 타국으로 이민을 떠나야 했다.

그러나 아메리칸드림이라는 것이 그렇게 호락호락 터를 내주지 않았을 것이다. 낯설고 물 설은 이국만리 타향땅에서 산다는 것이, 어찌 눈에 보이는 행복만 있었으랴. 우선 말이 통하지 않는 다민족국가에서 살기 위해서 몸부림을 쳤을 것이다. 그 나라의 말을 배워야 했고, 특히 백인들의 멸시와 흑인들의 공포스런 행동 사이에서 산다는 일이 그리 쉬운 일은 아니었을 것이다. 그래서 그는 태권도란 무술을 택했고, 함께 어울려 살아가기 위해 신앙을 택했으며, 존경받는 사람이 되기 위해 봉사를 택했을 것 같다.

지금 하세종 시인은 미국의 이민사회에서 매우 성공한 케이스로 존경을 받는다. 지금 그는 미(美)한국전 참전용사로 미국의 시민들과 자연스럽게 어울려 살고 있다. 그가 그렇게 아메리칸드림을 이루며, 뿌리내리며 살 수 있었던 밑바탕에는, 건강한 육체가 우선했다. 고대 그리스 철학자 탈래스는 "건강한 육체에 건전한 정신이 깃든다"고 했다. 하세종 시인은 평생 태권도를 전파하며 살아오신 분이고 이민사회에 봉사하며 살아오신 분이다. 게다가 하세종 시인의 마음속에는 이 먼 나라까지 와서 성공을 포기할 수 없다는 단호함과 대한민국 사람이기 때문에 도태될 수 없다는 사명감이 자리하고 있었을 것이다. 그리고 더 낮은 곳으로 찾아 내려가면 고향과 부모님, 친구라는 추억이 그를 미국 사회에서 뿌리내릴 수 있게 한 원동력이 되었을 터, 이쯤에서 그의 시 몇 수를 읽어보면서 그가 반세기가 넘는 이민생활을 할 수 있었던 원동력은 무엇이고, 무엇이 그를 시인으로 이끌었는가, 그의 정신세계를 여행해보자.

> 조개껍데기는 질풍노도의 파도를 무서워하지 않으며
> 살랑이는 작은 파도를 무시하지 않고
> 조개는 수억 번 드난하는 파도를
> 머릿속으로 세고 있다가 제 몸에 나이테를 새긴다
> 그동안 살아온 나의 하루하루는 조개껍데기였다
> 그녀의 손길을 수없이 파도처럼 드난했고
> 수 없이 밀려오는 궂은 날들을 그녀와 이겨냈다
> 숨 멎듯 수심 한 수레 싣고 출렁이는 해변 찾아
> 빈 조개껍데기를 조심스레 안아본다
> 알맹이 빠진 조개껍데기가 표정을 잃었다
> 수심에 찬 얼굴에 오월 햇살도 차갑게만 느껴진다

잃어버린 알맹이를 찾고 있을
조개껍데기의 마음을 조금은 알 것 같다
나는 지금 무엇을 찾고 서 있는지
사랑 없는 세상은 조개껍질인데
환희의 날 턱 없이 부족한 순간
나는 영원할 줄 알았다
사랑 없는 조개깝질은 오뉴월에도 차갑기만 하다
언제나 빈 속을 채워보려나

- 「조개껍데기 사랑」 전문

 이 시는 하세종 시인이 응모해 등단할 수 있었던 등단작품이다. 하세종 시인은 2021년 하반기호 ≪스토리문학≫을 통해 시인이 되었다. 스토리문학 심사위원들은 왜 이 시를 그의 등단작으로 추천했을까? 그것은 그가 조개껍데기를 통해 인생을 비유하고 있기 때문일 것이다. 조개껍데기에는 우리를 가르치고도 남을 정신이 있다. 그 중 하나는 비어있다는 것이다. 성현들은 모두 인간들에게 내려놓으라, 비우라 말해왔다. 아무리 많은 돈을 벌었던 갑부도, 아무리 많은 권력을 가졌던 권력자도 돈과 권력을 가지고 갈 수는 없었다. 그렇기 때문에 성현들은 우리에게 나눠주라 했고, 비우라 했다. 비어있다는 것은 언제든 채울 수 있다는 가능성의 의미를 동반한다. 비어있다는 것은 가볍다는 의미를 동반하며 자유롭다는 의미를 동반한다. 가볍다는 것은 언제든 어디

로든 자유롭게 떠날 수 있고, 책임을 벗어 던지고, 자유롭게 살 수 있다는 의미를 내포한다. 조개가 알맹이가 차서 제 몸을 기르기 위해서는 끊임없이 먹어야 한다. 그리고 해삼과 같은 치설의 먹이사슬에서 살아남아야 한다. 인간이나 동물이나 산다는 것은 고통을 동반한다. 목적을 버리고 쾌락을 얻기까지는 대단한 수련이 필요하다. 채우고 살아야 한다는 강박관념에서 벗어나면 아무것도 채울 필요 없이 유유자적할 수 있다. 지금 하세종 시인의 연세와 마음수련의 정도면 아마도 조개껍데기처럼 해탈의 과정을 거쳐 백사장에서 홀로 반짝일 정도가 되지 않았나 판단된다.

다음의 시 두 편을 읽어보자.

①
마음은 여전히 천릿길 단숨에 껑충 뛰어넘을 것 같다
그러나 해토한 봄땅에 붙은 짚신은 천근만근이다
마음만 펄쩍 뛰어 대청마루 지붕에 올라선다

인생의 용마루에서 내려다본 심정은
무릎이 후들거린다
어젯밤엔 산길을 뛰어넘고 절벽을 날았는데
밤새 안녕인가…

9988234
99세까지 팔팔하게 살다 이삼일만 앓고 죽자는 말
그러기 위해서는 태권도를 끊임없이 연마해야지

또 다른 내일을 위해 껄껄껄 웃어보자
또다시 지붕을 훌쩍 뛰어넘는 꿈을 꾸어보자
보란 듯이 활개를 펴 날아보자

콧방귀 풍풍 뀌며 풍악을 울려보자
꽹과리 냄비 들고 동네방네 모여든다
나이란 덧셈이 아니다
죽는 날까지는 같은 목숨
모두가 매한가지 아니더냐

- 「9988234」 전문

②
노익장을 과시한다고
남들은 내게 칭찬하며 야단들이다
나는 사실 날마다 운동을 해서
가까스로 지키는 건강인데 말이다
나는 강철 무쇠가 아니다
그러나 강철 무쇠도 그냥 놔두면
녹이 슬고 못쓰게 되는 법
인간처럼 탄탄한 무쇠는 없다
100년 녹슬지 않는 삶을 살기 위해서는
태권도로 단련할 수밖에
세우자 탄탄대교
맨주먹으로

- 「노익장과 태권도」 전문

따옴시 ①의 '9988234'는 99세까지 88하게 살다가 2, 3일만 아프고 죽자라는 뜻의 숫자이다. 이 말은 모든 인간들의 꿈이다. 금전을 좇아 인생을 살아가다 보면, 나도 모르는 사이에 건강을 해치고 중병에 드는 사람들이 있다. 건강은 건강할 때 지키라는 말이 있다. 언젠가 서울 응암동의 백련산에 올라간 적이 있다. 백련산 위에는 신체를 단련할 수 있는 운동기구들이 설치되어 있는데, 그곳에서 한 노인의 강설(講說)을 듣게 되었다. 마치 날아다니는 듯 평행봉 위에서 몸을 굴리며 자유자재로 운동을 하던 그 노인이 우리를 불러 모았다. "어이, 젊은이들. 이리들 오시게." 그러더니 그는 한바탕 평행봉을 하며 운동 실력을 자랑했다. 그리고 그는 자신의 팔근육을 보여주며 우리를 행해 입을 얼었다. "내가 지금 96세인데, 나는 평생 백련산에 하루도 빠지지 않고 올랐습니다. 여러분, 운동을 하십시오, 운동하는 데는 병마가 따라붙지 못합니다." 우리들은 96세라는 그 노인의 운동실력과 근육에 입을 다물지 못하며 박수를 쳤던 기억이 있다.

하세종 시인은 평생 운동을 하며 살아오신 분이다. 따옴시 ②에서 보듯 그는 태권도인이다. 평생 충·효·의·용·신의 태권도 정신으로 몸을 수련하며 살아오셨다. 그가 90여 년의 인생을 살아오는 동안 함께 해온 일이 있다면 하나는 참전용사로서 무엇이 애국하는 길인가에 대한 물음이요, 또 다른 하나는 태권도인으로서 어떻게 하면 나의 건강을 지켜내고 미국사회에 태권도를 뿌리내리게 할까에 대한 고민이었을 것이다. 하세종 시인이 시에서 말씀하신 것처럼 "강철 무쇠도 그냥 놔두면 / 녹이 슬고 못쓰게 되는 법 / 인간처럼 탄탄한 무쇠는 없"다. 그러므로 그는 "100년 녹슬지 않는 삶을 살기 위해서는 / 태권도로 단련할 수밖에" 없다면서 날마다 태권도로 심신을 수련한다고 한다. 우리 이웃에는 아픈 사람이 너무나 많다. 그렇게 많은 병원마다 환자들로 넘쳐난다. 큰 대학병원 로비에 가면 코로나19의 정국임에도 환자들이 번호표를 받고 기다리느라 인산인해를 이룬다. 앞서 말한 백련산의 노인과 하세종 시인은 같은 견해를 가지고 살아오셨다. 건강만이 내 삶을 지킬 수 있는 유일한 방법이라는 것을 아시기 때문이다.

    비가 내린다
    봄비가 내린다
    어머니 눈물이 내리고 있다
    주일이면 놓칠세라
    고사리손 꼭 잡고
    실과 바늘처럼
    성모님 찾으시던 어머니

    봄은 왔는데
    어머니 안 계신 봄이

왜 이리도 싸늘할까
솜털처럼 따스한 어머니 품이
아기처럼 그리운 날이다

애처롭게 불러보지만
산천초목 울려도 대답 없는 어머니
그때는 몰랐습니다
어머니가 왜 빗속을 거닐며
우산 없이 우셨는지

눈물조차 보이지 않으려
빗물로 가리신 어머니의 피눈물
한 서린 눈물을
어머니 어머니!
이제야 그 눈물의 의미를 알았습니다
저는 아흔이 되고서
이제야 철이 들었어요 어머니

- 「봄비 속의 어머니」 전문

 남자에게 있어 어머니란 이 세상을 양분하는 필수불가결의 조건이다. 어머니와 인생, 어머니와 여자, 어머니와 고향, 어머니와 아버지, 어머니와 가족, 어머니와 삶, 어머니와 성공, 어머니와 음식, 어머니와 옷, 어머니와 교육, 어머니와 사랑 등 이루 셀 수 없는 양분조건이 있다. 어머니란 존재는 나이가 많거나, 부유하거나, 지식이 많다고 해서 어머니에 대한 그리움은 줄어들지 않는다. 어머니란 존재는 시간과 공간을 초월한다. 젊다고 해서 어머니를 더 그리워하는 것이 아니고, 늙었다고 어머니에 대한 그리움이 삭감되는 것이 아니다. 어머니와 함께 살거나 어머니가 살던 집에 산다고 해서 어머니에 대한 그리움이 작은 것이 아니고, 어머니를 만날 수 없는 곳으로 떠나보냈거나, 미국에 산다고 해서 그리움이 줄어드는 것은 아니다. 어머니란 존재는 다듬잇돌만 봐도, 고무신만 봐도, 비녀만 봐도, 바늘만 봐도, 전통음식만 봐도 그 무엇으로도 문득문득 떠오르는 존재이시다. 15살에 어머니를 여읜 나는 어머니의 이름을 빛내드리기 위해 시인이 되었다. '황복연'이라는 어머니 이름을 불러드리기 위해 시인이 되었다. 황복연이란 어머니한테서 '이런 훌륭한 자식이 나왔구나.'라는 말을 들으려고 지금도 내 마음가짐을 흩트리지 않으며 살고 있다. 어머니란 이 세상에서 가장 믿을만한 종교요, 가장 안전한 나라이며, 가장 따스한 안식처이다. 어머니가 오랫동안 함께 살아왔다면 그곳은 천국이었을 것이고, 어머니를 일찍 여의었다면 그곳은 가장 숭고한 교실이었을 터, 하세종 시인이 이 시집 속에서 어머니를 그리는 시를 이렇게 많이 쓴 것은 어머니가 그를 시인으로 이끄신 것이다.

여름의 숲속에
매미들 쌍쌍이 울어댄다

우렁찬 노래가 천리만리 퍼져나간다
그늘 속에서 놀면서
노래나 부르는 한량이 되어

옛날엔 개미의 부지런함을 배우라 했지만
지금은 매미의 특기를 배워야 한다
특기 없이 인생을 살아가자면
이것저것 허드렛일을 해야 하지만
매미처럼 노래를 잘 부르는 가수가 되면
송가인이나 임영웅처럼 귀한 대접 받으며
부자가 될 수 있다

이제 건달 매미는 우리 인생의 롤모델
열심히 물어 나르며 걸어가기보다
노래 부르며 출연료를 받는 편이
훨씬 고부가가치다
진땀 뻘뻘 흘리며 일한
개미의 곳간이 풍성하다지만
놀면서 사는 매미 한량의 삶이 부럽다

- 「건달 같은 매미를 닮고 싶다」 전문

 어릴 적 교과서에서 '개미와 베짱이'에 대한 단원을 배웠다. 개미는 여름내 열심히 일을 해서 곳간에 곡식을 가득 모아놓고 겨울 걱정을 하지 않는데 반해, 베짱이는 여름내 일하지 않고 노래만 해서 겨울에 먹을 것이 없어 개미네로 먹을 것을 빌리러 간다는 내용으로, 그 당시 교육방침에는 근면성실하게 살라는 교훈을 주기 위한 교육에 그 초점이 맞춰져 있었다. 그런데 요즘은 다르다. 특기교육이 필요한 세상에 있다. 우리나라 사람이라면 '흥부와 놀부'의 이야기를 모두다 잘 알고 있다. 과거에는 착한 흥부를 두둔하며 악한 놀부를 손가락질했지만, 지금은 자식을 많이 낳은 흥부의 무계획하고 가난하게 사는 무능함을 꼬집으며, 성질은 좀 못됐지만, 놀부처럼 제 앞가림은 해야 한다는 자성론이 뿌리내린 지 오래다. 가끔 찔꾹찔꾹하며 우는 것으로 보아 베짱이가 바이얼린을 켜는 연주자라면, 늘 전통적 서정으로 노래하는 것으로 보아 매미는 트로트 가수로 보인다. 둘 다 어려서부터 특기교육을 받아 전문인으로 살아가는 모습이다. 농업을 하거나 상업, 또는 공업에 종사하는 사람을 비하하는 말이 아님을 밝히면서, 사람은 특기가 있어야 한다고 말하고 싶다. 나는 내 인생에 가장 어려운 시기에 시를 쓰러 들어왔다. 몇 번의 사업실패를 거쳐 거리에서 노점을 하며 책을 읽다가 깨달은 것이다. 내가 가장 잘 할 수 있는 것, 내가 가장 하고 싶은 일을 하며 인생을 살아가야 한다는 것을 그때 깨달았다. 그리고 나는 지금 생각하면 비교적 젊은 나이인 40세 초반에 출판사를 차렸다. 그리고 시강의를 시작했다. 그 후 또다시 몇 번의 실패가 뒤따랐지만, 지금 생각해보면 그것은 실패가 아니라 과정이었다. 결국 나는 베짱이나 매미처럼 전문직업인으로 살게 된 것이다. 그전에는 시골에서 농사를 짓는 농업도 했다가, 공장에서 공원으로 일하는 공업도 했다가, 구멍가게나 식당을 하는 상업도 했었지만, 내 특기인 글쓰기를 깨닫지 못하고 했던 직업이었으므로 돈을 벌지도 못했고, 즐겁지도 않았다. 하세종 시인이 그처럼 연만하신 연세에도 행복하게 살 수 있었던 것은 태권도라는 특기를 살려 일생을 살아오셨기 때문이라 생각한다. 하세종 시인도 그렇다면 특기를 살려 전문인으로 살아오신 매미이셨던 것이다.

> 아침 햇살 눈부신 동산은
> 대자연은 봄맞이하느라
> 오늘도 술렁이고 있는데
> 꿈틀거리고 있는데
>
> 이국땅에서 바라보는
> 내 조국의 봄은 마언 꿈 이야기 같구나
> 아직도 당파싸움 여전하고 지역싸움 여전해
> 내 조국 민주주의의 봄은 언제나 올까!
>
> 타국 땅 하늘은 저리도 푸른데
> 그리워라 내 조국 하늘
> 가고파라 내 고향 천 리
> 산천초목 흙도 그립구나
>
> 내 조국의 민주주의여 어서 오라
> 내 조국의 선진국이여 어서 오라
> 활기찬 웃음으로 사는 내 조국

내 조국의 봄이여 어서 오라

　　　　　　　-「봄이여 오라, 내 조국에도」 전문

　우리나라가 선진국 대열에 들어선 것은 정말 기적적인 일이다. '6.25전쟁의 폐허를 딛고 한강의 기적을 이룬 나라'라고 수없이 많은 외신들이 앞다투어 보도하고 있다. 앞서 말한 바와 같이 하세종 시인은 1930년대 초반에 태어나 인간이 겪을 수 있는 고초를 모두 겪으며 살아오셨다. 하세종 시인은 나라 잃은 설움도 겪어보셨고, 전쟁의 아픔도 겪어보셨으며, 상상을 초월하는 폐허 속의 조국 재건을 위하여 6.25전쟁 참전 후 1956년 성균관대학교 정치외교학과 3학년 때 대한민국을 떠나 미국 유학길에 올랐을 것이다. 1960년 3.15부정선거 이후 1990대 초반까지 하세종 시인의 고국 대한민국에서는 연일 민주화시위로 나라가 시끄러웠다. 70년대 이후 격화된 부마사태 등 민주화 시위에 결국 많은 사람들이 희생되어야 했다. 특히 5.18민주화운동에서는 수많은 사람들이 목숨을 잃었고, 그 이후 1987년 6.10항쟁 등 우리나라에서는 수많은 데모가 끊이지 않았다. 그때마다 먼 타국땅에서 고국의 현실을 바라보고 있는 하세종 시인을 비롯하여 수많은 외국 이민자들은 언제나 한국에 봄이 찾아오려나 학수고대하였을 것이다. 아마도 이 시는 고국에서 끊임없이 데모가 벌어지던 시기에 쓰신 것으로 보인다. 그러나 이젠 민주주의도 이루었고, 2021년 7월 마침내 우리나라가 그렇게도 그리던 선진국 대열에 들어서게 되었다. 민주화와 선진국은 온 국민의 열망이지만 특별히 외국에서 고향을 바라보는 사람들의 가슴속에 타오르는 열망은 더욱 간절했을 것이다.

> 어렴풋이 떠오르는 지난날
> 나는 지금까지 봄에만 살았던 것 같다
> 왠지 새파란 고사리 잎 같은 세월이었고
> 이슬 맺은 물방울 같은 삶이었다
>
> 황새 가족이 어디론가 흥겨워 날아가고 있다
> 아빠 엄마 그리고 귀여운 새끼 세 마리
> 팔딱팔딱 고사리 날개 저으며 날아가고 있다
> 여린 날개 휘어질까 내 맘을 졸인다
>
> 나뭇가지 틈새로 드는 아침햇살 눈부시다
> 곧 앙상한 가지가지에 푸른 잎에 돋겠지
>
> 아 나는 봄에만 살았다
> 나의 멘토 아내와 함께
> 내 인생 되돌아보니 따사로운 봄날 인생이었다
>
> - 「나는 봄에만 살았다」 전문

하세종 시인의 이 시는 어쩌면 천상병 시인의 귀천을 연상케 한다. 천상병 시인은 서울대 출신의 인텔리였다.

그러나 천상병 시인의 삶은 고되고 힘들었다. 1967년에 일어난 동백림사건, 즉 동베를린사건에 간첩으로 연류되어 옥고를 치룬 천상병 시인은 그 당시 중앙정보부에 끌려가 심한 전기 고문을 당해 바보가 되어 풀려난다. 천상병 시인이 풀려날 당시 그는 이가 거의 다 빠졌으며 말을 더듬으며 어눌한 말투로 평생을 살아야 했다. 그럼에도 그는 「귀천」이란 불후의 명시를 남겼다. 그는 「귀천」에서 "나 하늘로 돌아가리라 / 아름다운 이 세상 소풍 끝내는 날 / 가서 아름다웠다고 말하리라"라는 우리 인류에게 최고의 메시지를 선사했다. 매를 맞었건, 바보가 되었건 "가서 아름다웠다고 말하리라"고 한 그 뒷모습은 마치 살신성인의 성자(聖子) 같다. 그런데 하세종 시인은 천상병 시인처럼 거룩하신 말씀을 남긴다. "나는 봄에만 살았다 / 내 인생 되돌아보니 따사로운 봄날 인생이었다"가 그것이다. 분명 하세종 시인이 살아오신 날은 봄날보다 겨울날이 많았을 것이다. 이국 땅에서 뿌리내리기 위하여 얼마나 움츠리고 추위에 떨었을까 미루어 짐작하고도 남음이 있다. 혈육 하나 없는 맹지에 가서 살아남는다는 것은 어쩌면 겨울의 땅, 동토(凍土)에 뿌리를 내리는 식물의 위태로움이 있었을 것이다. 말을 배워야 했고, 문화를 배워야 했으며, 돈을 벌어 자식을 길러야 했기 때문에 그는 어떠한 수치심도 감내하고, 비굴함도 견디며 아끼고 저축하며 근신하여 마침내 백인을 비롯하여 흑인, 그리고 멕시칸 등 그와 태권도를 함께 하며 살아온 나라 사람들에게 존경받는 인물이 되었을 것이다. 흔히 인생을 일장춘몽이라고 한다. 길고 긴 인생을 되돌아보니 한잠을 자고 일어난 듯하다는 말이다. 장자의 꿈이라고도 한다. 꿈에 나비가 되고 싶었지만 내가 나비였는지 나비가 나였는지 모른다는 뜻으로 이는 누구나 무엇이 될 수가 있고, 누구나 행복을 가질 권리가 있다는 말로 풀이되는데, 89세의 시인께서 "나는 봄에만 살았다"고 말씀하시는 것에는 매우 큰 의미가 있다. 인생은 따스한 것이고, 따사롭게 베풀어야 하며, 서로를 따뜻하게 감싸줄 때 마음에서는 봄을 느끼고 봄처럼 훈훈한 인생이 될 수 있다는 말씀일 것이다. 이 시에서 우리는 하세종 시인께 크게 한 수 배운다.

>아침 햇살에 동녘이 찬란하다
>기쁨에 넘쳐 창을 연다
>버들잎 사이 찾아든 광채
>주님 빛인 듯 황홀하다
>
>줄기찬 주님 서광에
>알찬 희망을 꿈꾼다
>백옥 같던 유리창이
>천색 무지개처럼 황홀하다
>
>푸른 하늘에 조각구름
>선녀 날개처럼 가볍게 날린다

아침 햇살에 감사하자
주님의 서광이라네!

- 「주님의 서광」 전문

　하세종 시인을 비롯한 미국에 이민한 우리나라 사람들의 구심점은 교회다. 외국으로 이민을 가면 앞집도 뒷집도 옆집도 윗집도 나와 언어와 피부색이 다른 사람들이 살 수밖에 없는 환경에 놓인다. 오직 가족끼리만 살아야 하는 외국의 환경에서 신앙생활은 한국 사람을 만나는 최고의 통로이자 광장이 된다. 그래서 많은 한국 사람들이 신앙을 가지며 교회에 나가게 된다. 한국에서 신앙이 없던 사람들까지도 교회에 나가며 신앙생활을 하게 되는데, 이는 말이 안 통하는 이민 초기시절에 향수를 달랠 수 있고, 빵과 햄버거, 스테이크와 콜라로 대표되는 미국 생활에서 한국 음식을 나눌 수 있는 기회가 되기도 한다. 게다가 한국의 명절, 풍습, 풍속 등을 유지하고 이어가는 수단으로서의 교회생활은 필수조건이기도 했다. 이런 신앙생활은 향수를 잠재우기 위한 수단으로만 사용되는 것이 아니라, 처음에는 그리 깊지 않았던 신앙심이 점차로 깊어져 예수께서 이 땅에 오신 이유, 즉 서로 사랑하고, 자신의 죄를 뉘우치고, 우리의 죄를 사하여주신 것에 대한 감사의 마음까지 이어져 행복이라는 것이 무엇인지를 깨달으며 살게 된다.

미국에는 기독교 신자뿐만 아니라 불교 신자도 매우 많다. 미국에서 불교는 기독교와 힌두교에 이어 세 번째로 신자의 수가 많은 종교다. 한국에서 토테미즘이나 샤머니즘과 함께 성장해왔던 불교는 토속신앙에 가깝게 성장했고, 그런 이유로 농사를 짓고 음력을 쓰던 농부와 그 여성들이 무의식적으로 신자가 되기도 하였는데, 이런 환경에 놓였던 사람들이 이민 후 미국의 절(사원)에 나가며 신앙생활을 하기도 한다. 그렇지만 미국이란 나라가 영국에서 건너온 청교도들, 즉 가톨릭을 바탕으로 세워진 나라고, 가톨릭은 기독교에서 갈라진 신앙이므로, 이슬람을 제외하고는 세계적인 종교의 추세가 기독교에 있으며, 미국 역시 기독교인의 나라라 해도 과언이 아니다. 게다가 세계 최고의 명절은 크리스마스임이 확인시켜주듯 온 세상 사람들은 기독교를 믿으며 기독교적 가치관이 세계적으로 확산되고 있는 것 또한 사실이다. 그리고 하세종 시인 역시 가톨릭 신앙을 바탕으로 미국 이민 생활을 영위해왔고, 믿음으로써 행복을 일궈왔다고 해도 과언이 아닌데, 매사에 감사하면서 이 모두가 주님의 서광 덕분이라는 하 시인의 말씀에 공감한다.

이렇게 해서 하세종 시인의 시 몇 수를 읽어보면서 그의 인생과 문학세계에 대하여 살펴보았다. 하세종 시인은 투철한 신앙심을 바탕으로 태권도를 전파하며 살아오셨고, 미(美)한국전참전용사라는 자랑스러운 명예를 지키기 위하여 늘 타인의 모범이 되는 삶을 살아오셨다. 그의 시편들에는 대한민국의 아픔이 녹아있었고, 미국 이민사의 자존심이 갈피갈피에 응축되어 있었다. 이민 1세대인 그의 희생과 바람은 우리 대한민국이 이만큼 잘 사는 선진국이 되고 민주화의 주춧돌이 되었다. 이처럼 훌륭한 인생을 살아오시고 후배들에게 시를 통하여 귀감이 되는 삶을 보여주신 하세종 시인께 박수를 보내며 첫 시집 상재를 진심으로 축하드린다.

하세종 시집

조개껍데기 사랑

초판발행일 2023년 2월 15일

지은이 : 하세종
발행인 : 김순진
편집장 : 전하라
디자인 : 김초롱
펴낸곳 : 도서출판 문학공원
등 록 : 2004년 3월 9일 제6-706호
주 소 : 우편번호 03382 서울 은평구 통일로 633
녹번오피스텔 501호 스토리문학사
전 화 : 02-2234-1666
팩 스 : 02-2236-1666
홈페이지 : www.munhakpark.com
이메일 : 4615562@hanmail.net

※ 책값은 뒤표지에 있습니다.
※ 저자와의 협의에 의해, 인지는 생략합니다.